날마다 말씀을
묵상하며 자라나는
하나님의 자녀

나는 _____ 입니다.

아이 스스로 묵상하는 습관을 길러주는

엄마표
말씀 묵상노트

유아-초등 저학년

백은실 지음

규장

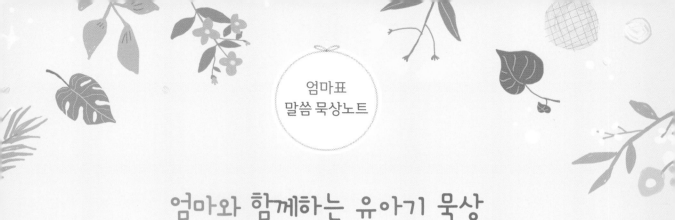

엄마와 함께하는 유아기 묵상

유아기 말씀 묵상 어렵지 않아요!

첫아이, 조이는 다섯 살 무렵부터 말씀 묵상을 했습니다. 아이와 함께 말씀을 암송하며 말씀 속에서 하나님의 성품을 찾는 훈련이 묵상의 첫 시작이었지요. 한 소절 한 소절 말씀을 곱씹으며 하나님이 어떤 분이신지 찾고 발견하는 기쁨과 은혜가 있었기에 11년째 묵상의 자리를 지킬 수 있었습니다.

지금은 유아를 위한 다양한 말씀 묵상 책이 즐비하지만, 그때는 그런 책이 없었어요. 어린이성경을 읽거나 말씀암송을 통해 오롯이 하나님을 알아가는 시간이 전부였지요. 첫아이와 말씀 묵상의 훈련이 쌓일 무렵, 둘째 온유도 동참하기 시작했습니다. 아침에 일어나 보니 조이가 온유를 앉혀두고 함께 말씀 묵상을 하고 있었습니다.

• 말씀 묵상하는 조이
• 함께 묵상하는 온유(4세)와 조이(6세)

아빠와 묵상할 때처럼 어린이용 묵상 책을 가져와 성경을 읽어주고 하나님의 성품을 찾고 나름대로 적용할 것들을 얘기하며 두 아이가 손을 맞잡고 기도하는 모습이 거실 창에 스며드는 아침 햇살만큼이나 눈부시고 아름다웠습니다.

여동생을 선물로 받은 극성 오빠 둘이서 사랑하는 셋째 사랑이를 가만둘 리 없었습니다. 아침을 짓고 방에 들어오니 말씀 먹는 두 오빠가 사랑이가 누워있는 침대 앞에 나란히 앉아 사랑이에게 말씀을 먹이며 묵상을 하고 있었지요. '말씀 심는 엄마'에게서 태어났으니 젖을 먹기 전에 말씀을 먼저 먹는 걸 당연히 여겼나 봅니다.

가끔 제가 아침에 일이 있어 넷째 시온이의 묵상을 도와주지 못하면 어김없이 첫째가 맡아 챙기곤 했습니다. 묵묵히 묵상의 자리를 지켜온 첫째가 동생들을 챙기는 모습을 볼 때마다 든든하고 감사하지요.

• 사랑이에게 말씀을 먹이는 오빠들
• 묵상 후 기도하는 조이와 온유

지금은 누구랄 것도 없이 말씀이 일상이 되었어요. 말씀 묵상이 우선순위인 우리 가정은 묵상하지 않으면 다음 일을 할 수 없기 때문입니다. 기상하자마자 시편 암송으로 주님을 찬양하고 감사기도로 아침의 창을 활짝 열면 곧바로 묵상의 자리로 가는 게 아침 풍경입니다.

묵상도 거룩한 습관이 되어야 합니다. 영적인 습관은 한 번에 만들어지지 않습니다. 오랜 시간과 훈련이 필요하며 머리가 아닌 몸으로 익히는 과정이지요. "세 살 버릇 여든까지 간다"라는 속담이 있듯이 좋은 습관이든 나쁜 습관이든 평생 영향을 미칩니다. 처음엔 우리가 좋은 습관을 만들기 위해 노력하지만, 나중에는 그 습관이 나를 만들어가는 것을 보게 됩니다. 작은 행동의 반복이 습관이 되고, 습관은 곧 삶이 되기에 자녀에게 어릴 때부터 거룩한 영적 습관이 자리 잡도록 도와주어야 해요.

가정은 좋은 습관, 거룩한 습관을 길들이는 은혜의 공간입니다. 우리 가정에 맡겨주신 자녀에게 거룩한 습관이 쌓이도록 매일 경건의 훈련을 우선순위에 두고 정해진 시간에 주님과의 약속을 지킬 수 있도록 함께해야 합니다.

한글을 몰라도 할 수 있어요!

———

넷째 시온이가 다섯 살 무렵 온 가족이 말씀 묵상을 하기 위해 모였습니다. 한글을 모르던 시온이도 한 자리를 차지하고 앉아 자신의 묵상노트에 알아볼 수 없는 방언 같은 언어를 가득 채워 놓았습니다. 언니 오빠들이 하는 모습을 보고 따라서 한 것이지요.

묵상을 끝내고 서로 나눔을 하는데 시온이가 자기 노트를 보며 암송하는 말씀들을 외우기 시작했습니다. 암송을 다한 후 "다 같이 묵상해서 감사해요"라며 나눔을 끝냈습니다. 오빠들의 구구절절한 묵상도 은혜로웠지만, 말씀 자체를 선포한 시온이의 묵상과 나눔이 참으로 은혜로웠지요.

• 시온이의 묵상을 돕는 조이
• 묵상노트를 쓰는 시온이

한글을 깨치지 못한 아이들도 충분히 말씀 묵상이 가능합니다. 말씀을 먹이고자 하는 엄마의 사모하는 마음만 있으면 충분해요. 엄마와 말씀을 한 소절씩 암송하는 것부터 시작하면 됩니다. 성경에서 묵상은 히브리어로 '하가'라는 단어입니다. '중얼거리다'(murmuring) 혹은 '속삭이다'(whispering)라는 뜻이지요. 아이와 함께 말씀을 반복해서 읊조리며 말씀 속에 부어주시는 은혜를 나누면 됩니다.

암송할 때 입에서 나오는 말씀을 계속 들으며 묵상의 단계로 접어들기에 말씀암송과 묵상은 불가분의 관계입니다. 말씀의 참뜻을 깨닫기 위한 일념으로 하나님의 말씀을 작은 소리로 혹은 입속에서 반복하여 되뇔 때, 오묘하신 말씀의 뜻과 지혜를 깨닫게 하시며 말씀대로 이끌어주십니다.

유아용 큐티 교재를 활용해도 좋습니다. 아이들 눈높이에 맞게 제작된 교재를 적극 활용하세요. 단, 읽어주는 것만으로 끝내지 않아야 합니다. 숙제를 마치듯 의무적으로 하지 않도록 주의해야 해요. 적어도 말씀을 세 번 이상 읽어주고 아이가 충분히 이해할 수 있도록 이야기로 한 번 더 풀어주는 것이 좋습니다. 하나님을 알아가려면 충분한 소통이 필요합니다.

나이와 상관없이 한글을 깨친 아이라면 아이가 묵상한 내용을 스스로 적어보도록 격려합니다. 처음엔 어설프고 만족스럽지 못한 게 당연하지요. 많은 내용을 적지 않아도 되고 부족한 부분은 엄마가 채워주면 됩니다.

아이가 쓰는 것을 힘들어한다면 엄마가 아이의 말을 대신 써줘도 좋습니다. 아이가 글씨보다 그림을 선호한다면 그림을 그려도 좋습니다. 단, 말씀과 무관한 그림을 그리는 경우 적절한 지도가 필요합니다.

간혹, 아이들 양육에 밀려 본인의 경건 생활이 부족하다고 푸념하는 엄마들을 만나곤 합니다. 따로 시간을 낼 수 없다면 아이와 그 시간을 채워가보세요. 신앙교육은 자녀의 믿음이 성숙해지는 것에만 목표를 두지 않습니다. 부모의 믿음도 아이의 신앙만큼 중요합니다. 부모의 신앙이 성숙하지 않고는 하나님의 뜻대로 아이를 키울 수 없기에 부모가 먼저 끊임없이 성장해야 합니다.

복음을 전수하는 사명자로서, 말씀을 전달하는 청지기로서 부모가 그에 맞는 역량을 키워나가야 합니다. 아이와 주어진 시간을 최대한 활용해보세요. 차곡차곡 쌓이는 시간을 통해 아이와 함께 성장하는 부모의 모습을 발견하게 될 것입니다.

• 묵상 나눔
• 매일 아침 아빠와 묵상하는 조이

놀이처럼 즐기며 할 수 있어요!

———

유아기의 묵상은 엄마와 함께 채워나가는 시간입니다. 유아용 큐티 교재는 대부분 말씀 한 절만 인용하거나 활동지 위주이기 때문에 묵상보다는 성경놀이에 가깝습니다. 그러므로 묵상을 위해서는 엄마의 수고가 한 번 더 녹아져야 합니다.

말씀 안에서 하나님의 성품을 배우고, 하나님이 기뻐하시는 일을 삶 속에서 작은 실천으로 옮기도록 격려하고, 하나님이 슬퍼하시는 일을 거절하고 죄의 자리는 피하도록 습관을 만들어주는 것이 중요해요.

형식이나 틀은 중요하지 않습니다. 매일 말씀의 자리로 나아가 차곡차곡 쌓이는 은혜를 경험하며 아이는 거룩한 습관의 사람으로 성장해갈 것입니다.

• 묵상한 말씀으로 놀기(다윗과 골리앗)

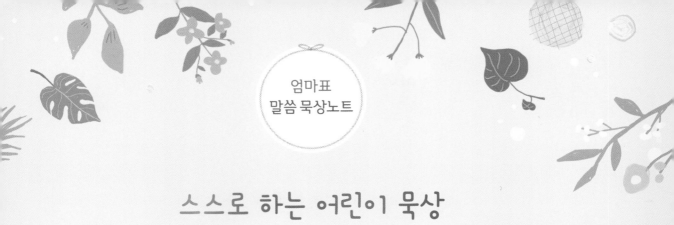

스스로 하는 어린이 묵상

엄마와 같이 읽고 묵상을 나누어요

———

유아기의 말씀 묵상이 걸음마를 준비하는 단계였다면, 어린이의 말씀 묵상은 스스로 걷고 뛰도록 돕는 단계입니다. 암송하는 말씀으로 묵상하기도 하고 큐티 교재(저학년용, 고학년용)를 활용하기도 해요.

초등 저학년의 경우, 유아기의 묵상처럼 엄마의 수고와 섬김이 반드시 필요합니다. 그래서 초등학교 1학년인 넷째 시온이는 엄마와 함께 말씀을 묵상하고 있어요. 가끔 혼자 묵상할 때 언니 오빠들의 묵상을 커닝하기도 하지요. 물론 물어보고 따라 쓰는데, 본인이 이해하기 어려운 본문일 때 언니 오빠들의 도움을 받습니다. 4학년인 셋째 사랑이는 이 단계를 거쳐 혼자 묵상을 합니다. 하지만 스스로 묵상하기 어려운 본문을 만나면 엄마의 도움을 구하기도 하지요.

말씀 묵상 후에는 가족 나눔의 시간을 갖는 게 좋습니다. 각자 암송하는 구절로 말씀을 묵상할 때는 서로 본문이 달라서 풍성한 나눔을 할 수 있습니다. 온 가족이 한 본문으로 묵상할 경우 같은 본문이지만 관점과 적용이 각각 다르기에 또 다른 은혜를 누릴 수 있지요. 우리 가정은 아이들이 한글을 떼는 시점부터 묵상노트를 쓰도록 했습니다. 큐티 교재를 활용하더라도 묵상노트는 꼭 쓰지요.

묵상 순서 및 노트 활용법

1. 시간 정하기

———

매일 일정한 시간, 일정한 장소에서 말씀의 자리로 나아가도록 아이 스스로 묵상 시간을 정하게 합니다. 하루를 시작하는 아침 시간이 가장 좋아요. 우리 가정은 기상하자마자 묵상의 자리로 나아갑니다. 아침 식사 전 생명의 양식을 먼저 먹지요.

2. 아이와 함께 기도하기

———

성경은 하나님의 감동으로 기록되었기에, 계시 없이는 말씀의 지혜를 깨달을 수 없습니다. 성령의 도우심이 있어야 하나님의 뜻을 바르게 이해할 수 있습니다. 말씀 묵상에 앞서 말씀을 바르게 깨닫게 해주시고 말씀 가운데 만나주시길 기대하며 먼저 기도하도록 지도하세요. 아이가 스스로 기도문을 작성해보는 것도 좋습니다.

"하나님 아버지, 감사합니다. 이 시간 하나님의 말씀을 묵상하려고 합니다. 말씀을 바르게 깨닫도록 지혜를 주시고, 성령 하나님 함께해주시고 능력이 나타나게 해주세요. 예수님의 이름으로

기도합니다. 아멘." ·

아이가 먼저 기도할 수 있도록 인도하고, 아이의 기도가 부족하면 엄마가 연이어 기도를 이어가면 됩니다. 아이와 함께 묵상하는 엄마에게도 하나님의 지혜와 명철이 필요해요.

기록된 바 하나님이 자기를 사랑하는 자들을 위하여 예비하신 모든 것은
눈으로 보지 못하고 귀로 듣지 못하고 사람의 마음으로 생각하지도 못하였다 함과 같으니라
오직 하나님이 성령으로 이것을 우리에게 보이셨으니
성령은 모든 것 곧 하나님의 깊은 것까지도 통달하시느니라 고전 2:9,10

3. 오늘의 말씀

———

오늘의 본문을 소리 내어 최소 세 번 이상 읽도록 합니다. 읽기에 도움이 필요한 경우라면 아이가 1번, 엄마가 2번 이상 읽어줄 것을 권합니다. 아이가 말씀을 잘 이해하지 못하면 여러 번 반복해서 읽어주면 좋아요. 이때 말씀 한 절이 아닌 말씀이 있는 단락 전체를 읽어주어야 아이가 맥락을 이해할 수 있어요. 그런 다음, 더디더라도 아이 스스로 읽어보도록 격려해주세요. '어린이성경'이나 '쉬운성경'을 활용할 것을 권합니다.

암송하는 경우에는 아이가 여러 번 말씀을 암송하게 합니다. 이때 반드시 소리 내어 또박또박 암송해야 합니다. 묵상이든 암송이든 눈으로만 보지 않고 꼭 소리 내어 읽는 이유는, 내 입술을 통해 선포되는 말씀을 반복해서 들음으로써 지혜롭고 오묘하신 하나님의 말씀을

깨닫기 위함이지요. 맛있는 요리를 천천히 씹으며 맛을 음미하는 것처럼 말씀도 사모하는 마음으로 곱씹으며 살아계신 하나님의 말씀이 생각과 마음을 주장하도록 천천히 소리 내어 읽어야 합니다.

예수 그리스도 안에서 오직 영이요 생명이신 하나님의 말씀을 아이가 입술로 선포하고, 그 선포된 말씀을 다시 영으로 듣고 마음에 새기도록 합니다.
어린이 큐티 교재는 쉬운성경의 본문을 발췌 수록하기에 이해하기 쉽지만 간혹 어려운 낱말이나 표현이 나오면 다시 설명해줍니다.

내가 주의 법을 어찌 그리 사랑하는지요 내가 그것을 종일 작은 소리로 읊조리나이다 시 119:97

4. 핵심단어 찾기

본문 말씀을 대표하는 핵심단어를 1-3개 정도 찾아보는 시간이에요.

"오늘의 말씀을 한마디로 한다면 어떤 단어로 표현할 수 있을까?"

이렇게 질문하며 아이가 말씀의 핵심단어를 생각해보도록 격려합니다. 핵심단어는 본문 말씀을 떠올릴 수 있는 좋은 도구이지요. 핵심단어 찾기를 어려워한다면 반복해서 나오는 단어를 주의 깊게 살펴보는 것도 좋아요. 아이가 처음에는 어려워할 수 있으나 부모의 격려와 도움을 통해 생각지 못한 놀라운 표현을 발견할 것입니다.

5. 말씀 요약하기

———

말씀을 충분히 읽고 난 후 말씀 내용을 요약해봅니다. 말씀을 제대로 읽고 이해했는지 확인하는 시간이지요. 아이가 글로 요약하는 것을 어려워한다면, 말씀의 내용을 말로 설명하거나 그림으로 표현하도록 해도 좋습니다.

쓰기가 가능한 아이는 말로 설명한 내용을 묵상노트에 쓰게 합니다. 유아의 경우는 요약을 '감사제목 쓰기'로 대체할 수도 있어요. 저희 막내는 감사제목 세 가지를 쓰고 큐티 교재에 있는 그림을 오려 붙입니다. 고정된 틀에 매이지 말고 아이의 수준에 맞게 활용하면 됩니다. 아이가 말씀을 이해하지 못하거나 요약 자체를 어려워하면 다시 읽도록 격려해주세요.

6. 하나님의 성품

———

말씀 속에서 하나님의 성품과 사역을 발견하는 시간입니다. 삼위일체 하나님(예수님, 성령님)이 어떤 분이시고, 무슨 일을 하셨으며, 어떤 일을 행하실지 아이에게 질문하고 아이가 발견할 수 있도록 도와줍니다. 이를 통해 아이는 하나님을 알아가고, 자신에게 동일하게 역사하시는 하나님을 만날 수 있습니다. 아이에게 이렇게 물어봐주세요.

"오늘은 어떤 하나님을 만났니?"

창조주, 구원자, 목자, 사랑과 공의의 하나님, 영광의 하나님, 말씀 자체이신 분, 빛으로 오신 분, 찬송 받기 합당하신 분, 노하기를 더디 하시는 분, 질투하시는 분, 오래 참으시는 분, 귀신을 쫓아내시는 분, 거룩하신 분, 용서하시는 분, 나와 늘 함께하시는 분, 약속을 성취하시는 분 등 성경에는 하나님의 성품이 드러나 있습니다.

예를 들어, 본문이 "여호와는 나의 목자시니 내게 부족함이 없으리로다"(시 23:1)라면 '목자이신 예수님', '부족함이 없게 하시는 예수님' 등으로 찾을 수 있어요. 아이가 어려워하면 엄마가 힌트를 줘도 됩니다.

7. 나를 돌아보기

———

말씀에서 하나님이 기뻐하시는 일과 슬퍼하시는 일을 찾아보고, 내게 주시는 교훈을 발견하는 시간입니다. 하나님이 기뻐하시는 일을 위해 붙잡아야 할 약속과 하나님이 슬퍼하시는 일을 하지 않기 위해 고쳐야 할 점 등을 생각해봅니다.

"말씀대로 살기 원하시는 하나님의 명령은 뭘까?"
"내가 본받고 따라야 할 것은 무엇일까?"
"피하고 거절해야 하는 죄는 어떤 것이 있을까?"

아이와 함께 이야기를 나누고 쓰게 합니다. 처음엔 엄마의 도움이 필요하지만, 함께하는 시간을 통해 스스로 고민하고 질문하며 묵상의 자리로 나아갈 수 있어요.

너희는 내게 배우고 받고 듣고 본 바를 행하라 그리하면 평강의 하나님이 너희와 함께 계시리라 빌 4:9

8. 묵상과 깨달음

———

구약 성경에는 '깊이 생각하다', '마음으로 숙고하다'라는 뜻의 '시아흐'라는 히브리어가 있습니다. 말씀을 통해 깨달은 것을 묵상하고, 붙잡고 기도해야 할 약속을 발견하고, 내게 말씀하시는 하나님의 마음을 깊이 생각하는 시간이지요.

아이가 자신에게 주시는 교훈을 깨닫고 적용, 실천할 수 있도록 도와주세요.

좋은 땅에 있다는 것은 착하고 좋은 마음으로 말씀을 듣고 지키어 인내로 결실하는 자니라 눅 8:15

9. 오늘의 실천

———

묵상을 통해 깨닫고 결단한 것을 삶에서 어떻게 실천할지 생각하는 시간이에요. 이때 아이가 주체가 되어야 합니다. 엄마가 원하는 실천을 강요해서는 안 됩니다. 엄마는 도움만 줄뿐 아이가 스스로 생각하고 결단하도록 지도하세요. 또한, 구체적인 적용을 찾아봅니다.

거대한 목표를 세우거나 추상적인 말로 얼버무리지 않도록 지도합니다. 뜬구름 잡는 적용은 실천하기 어렵기 때문이지요. 예를 들어, 아이가 "믿음을 잃어버리지 않기 위해 애쓰겠다"라고 적을 경우, 한 번 더 짚어줍니다.

"믿음을 잃어버리지 않기 위해서 어떤 것을 해야 할까? 오늘 하루 동안 네가 할 수 있는 일을 찾아보자."

매일 주어진 자리에서 말씀대로 살기 위한 작은 몸부림이 습관이 되도록, 언제 어디서 무엇을 어떻게 실행할 것인지 상세한 실천 방안을 찾도록 격려해주세요.

너희는 말씀을 행하는 자가 되고 듣기만 하여 자신을 속이는 자가 되지 말라
누구든지 말씀을 듣고 행하지 아니하면
그는 거울로 자기의 생긴 얼굴을 보는 사람과 같아서
제 자신을 보고 가서 그 모습이 어떠했는지를 곧 잊어버리거니와
자유롭게 하는 온전한 율법을 들여다보고 있는 자는 듣고 잊어버리는 자가 아니요
실천하는 자니 이 사람은 그 행하는 일에 복을 받으리라 약 1:22-25

10. 감사와 기도

―――

앞서 결단한 것들을 실천할 수 있도록 주님께 도움을 구하는 시간입니다. 간절하고 감사한 마음으로 기도하고 묵상을 마무리합니다.

창의력은 이전에 없던 것을 만들어내는 능력이 아닙니다. 기존의 것에서 새로운 것을 발견해내는 능력, 일상에서 범상치 않은 것을 찾아 실행하는 힘이지요. 누구나 보고 듣고 느끼는 것에서 나만의 시선으로 내 느낌과 생각을 입히는 것이 창의력입니다. '영적인 창의력'도 마찬가지입니다.

누구나 읽는 말씀에서 내게 주시는 하나님의 뜻을 발견하는 것입니다. 매일 보는 말씀에서 하나님의 뜻을 찾고 말씀을 창의적으로 삶에 적용하는 능력을 길러주는 것이 바로 묵상입니다.

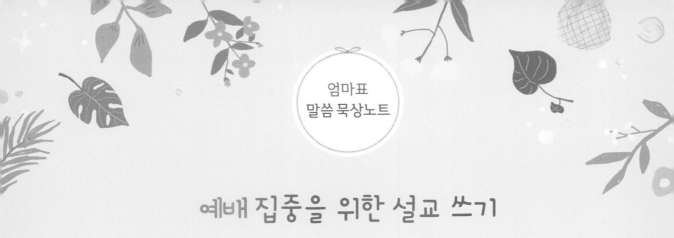

예배 집중을 위한 설교 쓰기

진정한 예배자가 되어요

———

아이들이 교회학교 예배에 참석할 때에는 아이들 수준의 예배를 드리기에 아무런 제약이 없지만, 어른들과 함께 예배드리는 시간에는 훈련이 필요합니다. 저는 아이들이 젖을 뗀 후부터는 본당에서 함께 예배를 드렸습니다. 첫 번째 예배 훈련은 다른 성도의 예배를 방해하지 않는 것이었지요. 유아기에 한자리에 앉아서 예배드리는 게 쉽지 않지만, 부모의 일관된 예배 훈련을 통해 아이들도 충분히 자리를 지키며 예배를 드릴 수 있습니다.

누구나 아이들이 참된 예배자가 되길 소망합니다. 그러나 예배의 자리에 앉아 있다고 해서 모두 예배자는 아닙니다. 마음과 생각이 어디에 머물러 있는지 점검하고, 전심으로 예배드릴 수 있는 환경과 마음을 조성해주는 것이 필요해요. 성인 예배는 어린아이가 이해하기에 다소 말씀이 어려울 수 있습니다. 그러나 본인이 암송하는 구절이 나오면 아이는 귀를 쫑긋 세웁니다. 아는 만큼 들리는 것입니다. 그래서 아이가 예배에 집중하도록 '설교 쓰기'를 시작했어요.

아이가 한글을 떼기 시작한 무렵부터 목사님이 전하시는 말씀을 써보도록 지도했습니다. 맞춤법이 틀려도 들리는 대로 곧잘 쓰는 아이를 보고 시작했지요. 첫 설교 쓰기는 목사님의 설교 중 들리는 단어를 써보는 것이었습니다. '미드매 조상 아브라암', '사라', '아들', '이삭' 등 아이는 들리는 대로 적어 내려갔습니다.

단, 쓰기가 완벽하지 않은 아이에게는 설교 쓰기를 권하지 않아야 합니다. 아이가 말씀을 듣는 중간중간 "이건 어떻게 써요?"라고 물으면 자칫 예배를 방해할 수 있기 때문입니다. 오빠들과 달리 쓰기가 좀 늦었던 셋째를 통해 얻은 교훈입니다. 틀린 맞춤법이라도 혼자 쓰기가 가능한 무렵부터 지도하길 권합니다.

단어 쓰기를 어느 정도 진행하다 보면 요령을 피우는 모습을 볼 수 있어요. '하나님', '성령님', '예수님', '기도', '사랑', '순종' 등 설교에 빠지지 않고 자주 등장하는 단어를 대충 짐작해서 적는 경우입니다. 그렇게라도 적어놓는 아이가 기특하지만, 말씀을 집중해서 정확히 들을 수 있도록 격려해주어야 합니다.

단어 쓰기가 익숙해질 무렵, 설교 중 들리는 문장을 써보도록 했어요. 한두 문장이라도 받아 적으며 말씀에 집중하도록 했습니다. 설교 쓰기는 초등학교 저학년이면 충분히 할 수 있습니다.

• 설교노트–단어 쓰기

언니 오빠들이 설교노트를 쓸 때 자신만의 언어로 노트를 가득 채우던 넷째 시온이가 1학년이 되면서 자신이 중요하다고 생각하는 설교 내용을 한 바닥씩 적어 내려갔어요. 아이의 손에서 진지함이 묻어났습니다. 제법 손힘이 길러지고 문장 쓰기를 어려워하지 않는다면 설교를 경청하면서 자유롭게 말씀 내용을 적도록 지도하세요.

첫째 조이는 일곱 살 무렵부터 설교노트를 썼는데 8년간 쌓인 노트가 상당합니다. 가끔 자기가 쓴 설교를 보고 미소 짓는 조이를 보며 어린 시절 자신의 모습을 마주하는 마음이 어떨까 생각해봅니다. 더디더라도 말씀 앞에 머무르려고 부단히 노력했던 시간의 흔적이 아이의 삶에 '은혜'라는 이름으로 고스란히 쌓이고 있음을 알기에 격려가 절로 나옵니다.

이제 열여섯 살이 된 조이는 말씀 요약과 더불어 자기 생각을 담아냅니다. 때로는 그림과 함께 요약하기도 합니다. 설교 쓰기는 어떤 방식이든 말씀을 쓰면서 한 번 더 자신의 말씀으로 받도록 하는 데 의의가 있습니다.

• 조이가 7세에 그린 그림 묵상

말씀을 경청하고 쓰는 것으로 끝난다면 설교 쓰기는 아무런 영향력이 없습니다. 자신이 붙잡은 말씀을 살아내는 결단과 용기가 필요해요. 주일에 드리는 가정예배 시간에 본 예배 때 들은 말씀과 은혜를 나누는 이유도 여기 있습니다. 아이들이 예배를 드리고 나오면 "오늘 예배 어땠어? 재밌었어?"라고 물어보기보다는 예배를 통해 어떤 은혜를 받았는지, 말씀을 통해 무엇을 깨달았는지, 마음과 정성을 다해 드린 예배였는지 물어보세요.

아이의 영혼이 거룩한 은혜를 향하고, 아이의 마음이 완전한 하나님을 향하도록 진정한 예배자로 세우는 부모가 되어야 합니다.

설교노트 활용법

부모의 설교노트

아이를 예배자로 세우기 전에 부모가 먼저 예배자가 되어야 합니다. 그 방법으로 설교노트 쓰기를 권합니다. 저는 아이들이 어릴 때도 품에 안고 설교노트를 썼어요. 물론 어린아이들과 예배를 드리다 보면 전쟁을 치를 때도 있고 때로는 제목만 쓰고 끝나기도 하지만, 말씀 앞에 머물기 위한 몸부림을 하나님은 아십니다.

아이들은 엄마의 설교노트를 좋아합니다. 엄마의 노트는 무언가 특별해 보이지요. 지금은 큰 아이들과 같은 노트를 사용하고 있습니다. 서로 중요하다고 생각하는 구절과 은혜를 나누고 많은 것을 배우지요.

아이만의 설교노트 만들어주기

첫아이가 여덟 살 무렵, 엄마의 설교노트를 늘 부러워하던 아이에게 설교노트를 만들어주었습니다. 아이가 자기만의 노트를 얼마나 애지중지하는지 예배드리러 갈 때마다 먼저 챙길

정도였지요. 아이에게 설교노트를 만들어주기 전에는 남는 이면지나 주보를 활용할 때가 많았습니다. 그러다 보니 아이의 노트를 소중히 다루지 못했어요. 아이만의 노트를 선물하면 설교 쓰기를 즐거워하는 아이로 변합니다.

예배의 방해물 제거하기

———

온전히 예배에 집중할 수 있는 환경을 만들어주는 것도 부모의 몫입니다. 예배를 방해하는 핸드폰, 음식물, 장난감, 딴생각 등 장애물을 미리 제거하고 예배를 드리도록 지도하세요. 또한 설교노트 등 예배에 집중할 수 있는 도구를 마련합니다. 예배자는 하루아침에 세워지지 않음을 명심하고, 참된 예배자가 되도록 가르치고 훈련합니다.

설교 쓰기

———

한글을 아직 떼지 않은 아이는 말씀을 들으며 말씀과 관련한 그림을 그리거나 설교 본문을 따라 쓰도록 합니다. 단, 그림을 그릴 때 다양한 그림 도구를 사용하지 않도록 주의합니다. 예배 시간은 그림 그리는 시간이 아니라 말씀을 듣는 시간임을 가르쳐야 합니다. 연필 한 자루와 지우개면 충분합니다. 아이가 한글을 떼고 자유롭게 쓸 수 있다면 들리는 단어부터 쓰도록 격려합니다. 설교 쓰기 훈련의 목표는 목사님의 말씀을 경청하는 데 있지, 잘 쓰는 데 있지 않습니다.

그러므로 부모는 아이가 말씀을 경청하도록 도울 뿐, 쓰는 양에 집중하지 않아도 됩니다. 단어 쓰기가 익숙해지면 문장을 쓰도록 합니다. 간혹 아이들이 "이거 맞아요?" 하고 자신이 쓴 글이 맞는지 물어보기도 합니다. 묵상이나 설교 쓰기에 정답은 없으므로, 들리는 대로 쓰도록 하되 "네가 중요하다고 생각하는 말씀과 깨달은 것을 적으면 되는 거야"라고 말해 줍니다.

예배자로 세우기

설교 쓰기의 궁극적인 목적은 예배자로 세우는 것입니다. 참된 예배자는 영과 진리로 예배를 드립니다. 진실한 모습으로 성령 충만을 소망하며 몸과 마음, 정성과 물질 모든 것을 동원해 하나님께 영광을 올려 드립시다. 예배는 우리 죄를 대속해주신 예수님의 핏값으로 주어진 자리임을 자녀에게 가르쳐주어야 합니다.

죄인이었던 우리가 하나님의 임재와 은혜 안으로 들어갈 수 있는 것은 참으로 놀랍고 감사한 일입니다. 이러한 감격을 예배로 올려 드려야 함을 아이들에게 가르쳐주세요. 예수님의 핏값이 헛되지 않도록, 모든 예배의 자리에 영과 진리로 나아가는 참된 예배자가 됩시다. 그것이 우리 죄를 대속해주신 예수님께 드릴 수 있는 작은 선물입니다.

주의 말씀은
내 발에 등이요
내 길에 빛이니이다

시편 119편 105절

오늘의 말씀

핵심단어 찾기

말씀 요약하기

하나님의 성품

나를 돌아보기

묵상과 깨달음

오늘의 실천

감사와 기도

년	월	일	요일

오늘의 말씀

핵심단어 찾기

말씀 요약하기

하나님의 성품

나를 돌아보기

묵상과 깨달음

오늘의 실천

감사와 기도

년	월	일	요일

오늘의 말씀

핵심단어 찾기

말씀 요약하기

하나님의 성품

나를 돌아보기

묵상과 깨달음

오늘의 실천

감사와 기도

년	월	일	요일

오늘의 말씀	
핵심단어 찾기	
말씀 요약하기	
하나님의 성품	
나를 돌아보기	
묵상과 깨달음	
오늘의 실천	
감사와 기도	

년	월	일	요일

오늘의 말씀

핵심단어 찾기

말씀 요약하기

하나님의 성품

나를 돌아보기

묵상과 깨달음

오늘의 실천

감사와 기도

| 년 | 월 | 일 | 요일 |

오늘의 말씀

핵심단어 찾기

말씀 요약하기

하나님의 성품

나를 돌아보기

묵상과 깨달음

오늘의 실천

감사와 기도

오늘의 말씀	
핵심단어 찾기	
말씀 요약하기	
하나님의 성품	
나를 돌아보기	
묵상과 깨달음	
오늘의 실천	
감사와 기도	

설 교 자

제 　 목

본 　 문

내 　 용

기도제목

언제 어디서나 말씀이 톡톡

하루는 아이들과 산책을 할 때였다.
온유를 태운 유모차를 밀고 한참을 가는데 조이가 하늘을 가리켰다.

"엄마! 저기 하늘 좀 봐요."
"왜? 뭐가 있는데?"
"'하늘에서 너희의 상이 큼이라' 하늘에서 상이 클 거예요!"

조금은 엉뚱한 말이었지만,
당시 아이들과 씨름하느라 지쳐 있던 내 마음에
큰 위로가 되었다.

"하늘에서 너희의 상이 큼이라!"

조이를 통해 위로해주시고

다시금 힘을 주신 하나님께 감사드렸다.

이럴 때마다 매일 지속하는 암송의 위력을 새삼 실감한다.

암송을 하면서 하나님의 말씀에 민감해지는 것 같다.

일상에서 말씀이 늘 아이 가운데 함께 있음을

느낄 때마다 더욱 감사하고 행복하다.

《말씀 심는 엄마》 중에서

년	월	일	요일

오늘의 말씀	
핵심단어 찾기	
말씀 요약하기	
하나님의 성품	
나를 돌아보기	
묵상과 깨달음	
오늘의 실천	
감사와 기도	

	년	월	일	요일

오늘의 말씀

핵심단어 찾기

말씀 요약하기

하나님의 성품

나를 돌아보기

묵상과 깨달음

오늘의 실천

감사와 기도

년	월	일	요일

오늘의 말씀

핵심단어 찾기

말씀 요약하기

하나님의 성품

나를 돌아보기

묵상과 깨달음

오늘의 실천

감사와 기도

오늘의 말씀

핵심단어 찾기

말씀 요약하기

하나님의 성품

나를 돌아보기

묵상과 깨달음

오늘의 실천

감사와 기도

오늘의 말씀

핵심단어 찾기

말씀 요약하기

하나님의 성품

나를 돌아보기

묵상과 깨달음

오늘의 실천

감사와 기도

오늘의 말씀			
핵심단어 찾기			
말씀 요약하기			
하나님의 성품			
나를 돌아보기			
묵상과 깨달음			
오늘의 실천			
감사와 기도			

년	월	일	요일

오늘의 말씀

핵심단어 찾기

말씀 요약하기

하나님의 성품

나를 돌아보기

묵상과 깨달음

오늘의 실천

감사와 기도

설교노트

설 교 자

제   목

본   문

내   용

기 도 제 목

하나님의 존귀한 아들이니까요!

"조이야, 온유 같은 동생이 또 있었으면 좋겠지?"

"아니요. 없었으면 좋겠어요."

"(헉!) 왜?"

"온유를 너무 사랑하는데 다른 동생이 있으면
온유를 더 많이 사랑할 수가 없잖아요."

조이가 온유를 왜 그토록 좋아하는지 이유가 궁금해졌다.

"조이는 온유가 뭐가 그렇게 좋아?"

"사랑하니까요."

"왜 사랑하는데?"

"하나님의 존귀한 아들이니까요!"

철없는 엄마의 질문 공세에
너무나 당연한 것을 왜 묻느냐는 표정으로 쐐기를 박아버린다.
이 모든 것이 하나님의 은혜라고밖에 할 수 없다.
아이의 마음에 형제를 사랑하라는 말씀을 심지 않았더라면,
동생이 축복의 대상임을 가르치지 않았더라면,
자신의 존재를 가르치지 않았더라면 어떻게 되었을까.

《말씀 심는 엄마》 중에서

오늘의 말씀	
핵심단어 찾기	
말씀 요약하기	
하나님의 성품	
나를 돌아보기	
묵상과 깨달음	
오늘의 실천	
감사와 기도	

년	월	일	요일

오늘의 말씀	
핵심단어 찾기	
말씀 요약하기	
하나님의 성품	
나를 돌아보기	
묵상과 깨달음	
오늘의 실천	
감사와 기도	

년	월	일		요일

오늘의 말씀

핵심단어 찾기

말씀 요약하기

하나님의 성품

나를 돌아보기

묵상과 깨달음

오늘의 실천

감사와 기도

오늘의 말씀

핵심단어 찾기

말씀 요약하기

하나님의 성품

나를 돌아보기

묵상과 깨달음

오늘의 실천

감사와 기도

년	월	일	요일

오늘의 말씀

핵심단어 찾기

말씀 요약하기

하나님의 성품

나를 돌아보기

묵상과 깨달음

오늘의 실천

감사와 기도

년	월	일		요일

오늘의 말씀	
핵심단어 찾기	
말씀 요약하기	
하나님의 성품	
나를 돌아보기	
묵상과 깨달음	
오늘의 실천	
감사와 기도	

년	월	일	요일

오늘의 말씀

핵심단어 찾기

말씀 요약하기

하나님의 성품

나를 돌아보기

묵상과 깨달음

오늘의 실천

감사와 기도

설 교 자

제   목

본   문

내   용

_____

_____

_____

_____

_____

_____

_____

_____

_____

기 도 제 목

_____

_____

검객과 칼갈이

내 아들과 딸아, 고생 참 많았어.

지금의 네 수고와 애씀이 네 삶에 감당할 수 없는

은혜와 축복으로 올 날이 머지않았단다.

우리 조금만 더 인내하며 노력하자.

하나님께서 우리에게 주신 큰 구원의 은혜가 있는데

그것에 조금이라도 보답하기 위해 준비된 그릇이 되자.

어렵고 힘들게 준비되는 만큼

하나님께서 너희를 크게 사용해주시고 역사하시리라고 믿어.

애들아, 엄마는 너희의 칼갈이에 불과하지만

너희는 하나님의 말씀을 가진 칼잡이이니

열심히 성령의 검을 연마하여

멋진 하나님의 검객이 되기를 바란다.

너희가 가진 성령의 검으로

멋지게 하나님을 위해 싸워라!

기쁨으로 면류관을 올려드리는 그날까지 파이팅이야!

《말씀 심는 엄마》 중에서

오늘의 말씀	
핵심단어 찾기	
말씀 요약하기	
하나님의 성품	
나를 돌아보기	
묵상과 깨달음	
오늘의 실천	
감사와 기도	

년	월	일	요일

오늘의 말씀

핵심단어 찾기

말씀 요약하기

하나님의 성품

나를 돌아보기

묵상과 깨달음

오늘의 실천

감사와 기도

년 월 일	요일

오늘의 말씀

핵심단어 찾기

말씀 요약하기

하나님의 성품

나를 돌아보기

묵상과 깨달음

오늘의 실천

감사와 기도

년	월	일	요일

오늘의 말씀

핵심단어 찾기

말씀 요약하기

하나님의 성품

나를 돌아보기

묵상과 깨달음

오늘의 실천

감사와 기도

년	월	일	요일

오늘의 말씀

핵심단어 찾기

말씀 요약하기

하나님의 성품

나를 돌아보기

묵상과 깨달음

오늘의 실천

감사와 기도

	년	월	일		요일

오늘의 말씀

핵심단어 찾기

말씀 요약하기

하나님의 성품

나를 돌아보기

묵상과 깨달음

오늘의 실천

감사와 기도

년	월	일	요일

오늘의 말씀	
핵심단어 찾기	
말씀 요약하기	
하나님의 성품	
나를 돌아보기	
묵상과 깨달음	
오늘의 실천	
감사와 기도	

설 교 자

제   목

본   문

내   용

기 도 제 목

주의 영광을 보는
하늘 정원이 되게 하소서

하나님께서 내게 맡겨주신

꽃보다 아름다운 귀한 아이들,

제 욕심을 위해 함부로 꺾지 않겠습니다.

제 만족을 위해 가지려고 하지 않겠습니다.

시들지 않게 날마다 기도의 물을 주겠습니다.

병들지 않도록 날마다 말씀의 약을 심겠습니다.

아름답게 자라도록 날마다 예배의 자리에 함께하겠습니다.

그리스도의 향기가 되어 주의 영광을 위해

활짝 피어나도록 가꾸며 사랑하겠습니다.

내 것이 아닌 오직 여호와의 기업임을

날마다 상기시켜주셔서

청지기의 사명과 충성으로 감당케 하시고

주의 나라가 임하는 그날까지

주의 영광을 보는 하늘 정원이 되게 하소서.

《말씀 심는 엄마》 중에서

년	월	일	요일

오늘의 말씀	

핵심단어 찾기			

말씀 요약하기	

하나님의 성품	

나를 돌아보기	

묵상과 깨달음	

오늘의 실천	

감사와 기도	

오늘의 말씀	
핵심단어 찾기	
말씀 요약하기	
하나님의 성품	
나를 돌아보기	
묵상과 깨달음	
오늘의 실천	
감사와 기도	

| 년 | 월 | 일 | 요일 |

오늘의 말씀

핵심단어 찾기

말씀 요약하기

하나님의 성품

나를 돌아보기

묵상과 깨달음

오늘의 실천

감사와 기도

년	월	일		요일

오늘의 말씀	
핵심단어 찾기	
말씀 요약하기	
하나님의 성품	
나를 돌아보기	
묵상과 깨달음	
오늘의 실천	
감사와 기도	

년	월	일	요일

오늘의 말씀

핵심단어 찾기

말씀 요약하기

하나님의 성품

나를 돌아보기

묵상과 깨달음

오늘의 실천

감사와 기도

년	월	일	요일

오늘의 말씀

핵심단어 찾기

말씀 요약하기

하나님의 성품

나를 돌아보기

묵상과 깨달음

오늘의 실천

감사와 기도

년	월	일	요일

오늘의 말씀	
핵심단어 찾기	
말씀 요약하기	
하나님의 성품	
나를 돌아보기	
묵상과 깨달음	
오늘의 실천	
감사와 기도	

설교노트

설 교 자

제   목

본   문

내   용

기도제목

혼자서 말씀 묵상을 했어요

다섯 살이던 조이가 하루는 나보다 먼저 일어났다.
아이들의 소리와 행동이
떠지지 않는 내 눈동자 속에서 떠다니고 있었다.
잠시 후 조이가 소파에 앉아서
시편 23편을 암송하는 소리가 들렸다.
기특하다는 생각을 하고 있는데
암송을 다 하고 내게 와서 말했다.

"엄마가 주무시니까 내가 해야겠다."

눈을 감고 미동도 하지 않는 나를 보더니
대답할 시간도 주지 않고 다시 소파로 갔다.
온유를 앉혀놓고 자신이 말씀 묵상한 것을 나누었다.
떠지지 않는 눈을 애써 뜨며 일어나려는데
조이가 내게 함박웃음을 지어 보였다.

"저 오늘 혼자서 말씀 묵상을 했어요.
엄마가 주무시고 계셔서요."

어느새 자라서 하루의 첫 시간을 하나님과 만나고
그분을 생각하며 보낸다는 게 대견했다.

《말씀 심는 가족》 중에서

오늘의 말씀	
핵심단어 찾기	
말씀 요약하기	
하나님의 성품	
나를 돌아보기	
묵상과 깨달음	
오늘의 실천	
감사와 기도	

년	월	일	요일

오늘의 말씀

핵심단어 찾기

말씀 요약하기

하나님의 성품

나를 돌아보기

묵상과 깨달음

오늘의 실천

감사와 기도

오늘의 말씀

핵심단어 찾기

말씀 요약하기

하나님의 성품

나를 돌아보기

묵상과 깨달음

오늘의 실천

감사와 기도

년	월	일	요일

오늘의 말씀

핵심단어 찾기

말씀 요약하기

하나님의 성품

나를 돌아보기

묵상과 깨달음

오늘의 실천

감사와 기도

년	월	일	요일

오늘의 말씀	

핵심단어 찾기			

말씀 요약하기

하나님의 성품

나를 돌아보기

묵상과 깨달음

오늘의 실천

감사와 기도

년	월	일	요일

오늘의 말씀

핵심단어 찾기

말씀 요약하기

하나님의 성품

나를 돌아보기

묵상과 깨달음

오늘의 실천

감사와 기도

년	월	일	요일

오늘의 말씀

핵심단어 찾기

말씀 요약하기

하나님의 성품

나를 돌아보기

묵상과 깨달음

오늘의 실천

감사와 기도

설 교 자

제　　목

본　　문

내　　용

기 도 제 목

저도 하나님을 볼 수 있어요

조이와 약속한 시간에 단둘이 방에 들어가
한 소절씩 돌아가며 암송을 하기 시작했다.
마태복음 5장을 암송하던 조이가 말했다.

"엄마, 마음이 청결한 게 어떤 거예요?"

"마음이 청결한 건 마음이 깨끗한 걸 이야기하는 거야.
다른 걸로 더러워진 마음이 아니라
하나님에 대한 생각으로 가득한 깨끗한 마음을 말하는 거야.
거룩한 마음과도 같은 건데 우리 스스로 깨끗한 마음을 가질 수는 없어.
예수님이 도와주셔야 하는 거야.
하나님만 생각하는 깨끗한 마음을 가지면
하나님을 볼 수 있는 축복을 주시는 거야."

"엄마, 저도 마음이 깨끗해요. 그러니까 하나님을 볼 수 있어요."

"맞아, 조이 마음은 맑고 순수하고 깨끗해서 하나님을 볼 수 있을 거야."

갑작스런 조이의 질문에 지혜가 부족해서 명쾌한 답변을 해주지 못해 안타까웠지만,
어린아이와 같은 순전한 마음을 가지고
하나님을 볼 수 있는 복을 누리고 싶은 마음만은 간절했다.

《말씀 심는 가족》 중에서

	년 월 일	요일
오늘의 말씀		
핵심단어 찾기		
말씀 요약하기		
하나님의 성품		
나를 돌아보기		
묵상과 깨달음		
오늘의 실천		
감사와 기도		

년	월	일		요일

오늘의 말씀

핵심단어 찾기

말씀 요약하기

하나님의 성품

나를 돌아보기

묵상과 깨달음

오늘의 실천

감사와 기도

오늘의 말씀	
핵심단어 찾기	
말씀 요약하기	
하나님의 성품	
나를 돌아보기	
묵상과 깨달음	
오늘의 실천	
감사와 기도	

년	월	일	요일

오늘의 말씀

핵심단어 찾기

말씀 요약하기

하나님의 성품

나를 돌아보기

묵상과 깨달음

오늘의 실천

감사와 기도

오늘의 말씀	
핵심단어 찾기	
말씀 요약하기	
하나님의 성품	
나를 돌아보기	
묵상과 깨달음	
오늘의 실천	
감사와 기도	

년	월	일	요일

오늘의 말씀

핵심단어 찾기

말씀 요약하기

하나님의 성품

나를 돌아보기

묵상과 깨달음

오늘의 실천

감사와 기도

년 월 일	요일

오늘의 말씀	
핵심단어 찾기	
말씀 요약하기	
하나님의 성품	
나를 돌아보기	
묵상과 깨달음	
오늘의 실천	
감사와 기도	

설 교 자

제   목

본   문

내   용

기 도 제 목

살아 있는 교과서

하나님은 부모인 우리에게 많은 것을 요구하시지 않는다.

완전하신 그분이 불완전한 우리에게 어떤 성과를 기대하시겠는가.

참 부모 되시는 하나님이 원하시는 것은

맡겨주신 자녀를 그분의 방법대로, 그분의 신실한 제자로,

그분의 영광을 위해 양육하는 것이다.

자녀가 어려서부터 성경을 알고

구원에 이르는 지혜를 갖게 되는 것만큼 큰 성공과 복은 없다.

하나님의 감동으로 된 성경은

모든 것을 담고 있는 탁월한 교과서다.

교훈과 책망과 바르게 함과 의로 교육하기에 유익할 뿐 아니라

하나님의 사람으로 온전하게 하며

모든 선을 행할 능력을 말씀 가운데 담고 있기에

부모와 자녀가 삶의 지표로 삼아

평생 가르치고 배워야 할 살아 있는 교과서다.

《말씀 심는 가족》 중에서

년	월	일	요일

오늘의 말씀

핵심단어 찾기

말씀 요약하기

하나님의 성품

나를 돌아보기

묵상과 깨달음

오늘의 실천

감사와 기도

년	월	일	요일

오늘의 말씀

핵심단어 찾기

말씀 요약하기

하나님의 성품

나를 돌아보기

묵상과 깨달음

오늘의 실천

감사와 기도

오늘의 말씀

핵심단어 찾기

말씀 요약하기

하나님의 성품

나를 돌아보기

묵상과 깨달음

오늘의 실천

감사와 기도

년	월	일	요일

오늘의 말씀

핵심단어 찾기

말씀 요약하기

하나님의 성품

나를 돌아보기

묵상과 깨달음

오늘의 실천

감사와 기도

년	월	일	요일

오늘의 말씀

핵심단어 찾기

말씀 요약하기

하나님의 성품

나를 돌아보기

묵상과 깨달음

오늘의 실천

감사와 기도

년	월	일	요일

오늘의 말씀

핵심단어 찾기

말씀 요약하기

하나님의 성품

나를 돌아보기

묵상과 깨달음

오늘의 실천

감사와 기도

년	월	일	요일

오늘의 말씀

핵심단어 찾기

말씀 요약하기

하나님의 성품

나를 돌아보기

묵상과 깨달음

오늘의 실천

감사와 기도

설 교 자

제   목

본   문

내   용

기도제목

말씀 맡은 자의 사명

신앙은 유전이 아니라 '유업'이다.

자녀에게 복음을 전수하고 계승하지 않으면

믿음의 세대는 끊어질 수밖에 없다.

부모의 욕심과 욕망이 투영된 부모의 뜻을 물려주지 말고,

자녀가 하나님과 접속할 수 있도록

하나님의 뜻을 물려주자.

부모가 해야 할 일은 자녀를 자기의 제자가 아닌

예수님의 제자로 키우는 것이며,

부모 자신도 예수님의 참 제자가 되는 것이다.

자녀에게 줄 수 있는 가장 귀한 유산이

신앙을 전수하는 일이며,

말씀을 심고 성경을 먹이며 기도를 입혀

하나님의 군사로 키워내는 일이

참으로 귀하고 복된 일임을 기억하자.

복음의 불씨가 꺼지지 않도록,

불변하는 진리 앞에 굳건한 믿음으로

자녀들과 함께 서자.

하나님께서 가야 할 길을 선명하게 보여주시고

동행하시며 인도해주실 것이다.

《엄마표 신앙교육》 중에서

년	월	일	요일

오늘의 말씀	
핵심단어 찾기	
말씀 요약하기	
하나님의 성품	
나를 돌아보기	
묵상과 깨달음	
오늘의 실천	
감사와 기도	

년 월 일	요일

오늘의 말씀	
핵심단어 찾기	
말씀 요약하기	
하나님의 성품	
나를 돌아보기	
묵상과 깨달음	
오늘의 실천	
감사와 기도	

년	월	일	요일

오늘의 말씀	
핵심단어 찾기	
말씀 요약하기	
하나님의 성품	
나를 돌아보기	
묵상과 깨달음	
오늘의 실천	
감사와 기도	

년	월	일	요일	

오늘의 말씀

핵심단어 찾기

말씀 요약하기

하나님의 성품

나를 돌아보기

묵상과 깨달음

오늘의 실천

감사와 기도

년	월	일	요일

오늘의 말씀

핵심단어 찾기

말씀 요약하기

하나님의 성품

나를 돌아보기

묵상과 깨달음

오늘의 실천

감사와 기도

년	월	일	요일

오늘의 말씀

핵심단어 찾기

말씀 요약하기

하나님의 성품

나를 돌아보기

묵상과 깨달음

오늘의 실천

감사와 기도

년	월	일	요일

오늘의 말씀

핵심단어 찾기

말씀 요약하기

하나님의 성품

나를 돌아보기

묵상과 깨달음

오늘의 실천

감사와 기도

설 교 자

제   목

본   문

내   용

기 도 제 목

성령의 검을 가지는 것

성경을 먹이는 이유는 말씀이 곧 하나님이시기 때문이다.

하나님은 말씀을 통해 우리에게 당신을 계시하시며,

말씀 속에서 그리스도의 영광을 보게 하신다.

성경은 우리가 유일하고도 분명하게 볼 수 있는 하나님이다.

그 어떤 조기교육보다

먼저 이루어져야 하는 조기교육이 바로 성경읽기다.

지금의 세상에서는 선과 악이 불분명하고

진실과 거짓을 구분하기 어려울 뿐 아니라

미혹과 유혹이 난무하고 있다.

이러한 세상을 살아가는 아이들에게

'말씀'이라는 분명한 기준이 없다면

아이들은 시험에 넘어지고 사탄의 올무에 걸릴 수밖에 없다.

자녀들이 모든 전쟁에서 승리할 수 있는 길은

성령의 검, 말씀을 가지는 것 뿐이다.

《엄마표 신앙교육》 중에서

년	월	일	요일

오늘의 말씀	
핵심단어 찾기	
말씀 요약하기	
하나님의 성품	
나를 돌아보기	
묵상과 깨달음	
오늘의 실천	
감사와 기도	

년	월	일	요일

오늘의 말씀

핵심단어 찾기

말씀 요약하기

하나님의 성품

나를 돌아보기

묵상과 깨달음

오늘의 실천

감사와 기도

년	월	일	요일

오늘의 말씀	
핵심단어 찾기	
말씀 요약하기	
하나님의 성품	
나를 돌아보기	
묵상과 깨달음	
오늘의 실천	
감사와 기도	

오늘의 말씀	
핵심단어 찾기	
말씀 요약하기	
하나님의 성품	
나를 돌아보기	
묵상과 깨달음	
오늘의 실천	
감사와 기도	

| 년 | 월 | 일 | 요일 |

오늘의 말씀	
핵심단어 찾기	
말씀 요약하기	
하나님의 성품	
나를 돌아보기	
묵상과 깨달음	
오늘의 실천	
감사와 기도	

오늘의 말씀	
핵심단어 찾기	
말씀 요약하기	
하나님의 성품	
나를 돌아보기	
묵상과 깨달음	
오늘의 실천	
감사와 기도	

| 년 | 월 | 일 | 요일 |

오늘의 말씀

핵심단어 찾기

말씀 요약하기

하나님의 성품

나를 돌아보기

묵상과 깨달음

오늘의 실천

감사와 기도

설 교 자

제   목

본   문

내   용

기 도 제 목

완전하신 하나님을 붙들다

나는 매일 아침 습관적으로

갈라디아서 2장 20절 말씀을 선포한다.

십자가 앞에서 나를 죽이지 않으면

여지없이 덜 죽은 죄인의 모습이 드러나기 때문이다.

내가 죽어야 예수님이 그 자리에 임하신다.

내가 주인 삼은 모든 것을 내려놓을 때

주님이 통치하시는 가정,

주님이 이끄시는 대로 순종하는 부모가 될 수 있다.

완벽한 부모가 훌륭한 아이를 키우는 것이 아니다.

자신의 연약함과 실수를 인정하고

자녀에게도 사과할 수 있는 부모가

믿음의 자녀를 키운다.

부모의 약점은 완전하신 하나님을 보여줄 수 있는

통로가 될 것이고,

자녀는 불완전한 부모를 딛고 일어나

완전하신 하나님을 붙들게 된다.

《엄마표 신앙교육》 중에서

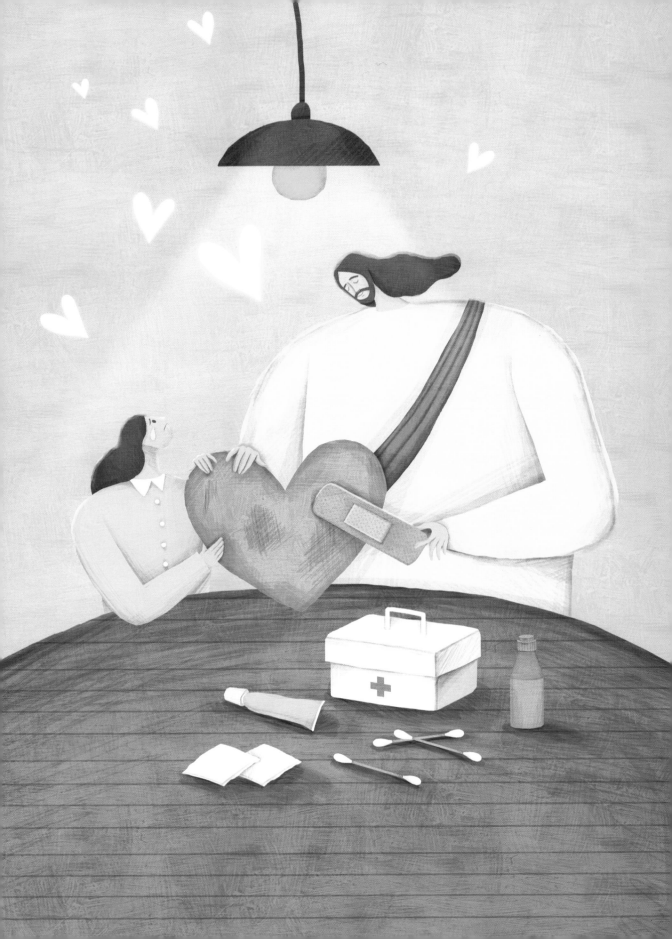

년	월	일	요일

오늘의 말씀

핵심단어 찾기

말씀 요약하기

하나님의 성품

나를 돌아보기

묵상과 깨달음

오늘의 실천

감사와 기도

년	월	일	요일

오늘의 말씀

핵심단어 찾기

말씀 요약하기

하나님의 성품

나를 돌아보기

묵상과 깨달음

오늘의 실천

감사와 기도

년	월	일	요일

오늘의 말씀

핵심단어 찾기

말씀 요약하기

하나님의 성품

나를 돌아보기

묵상과 깨달음

오늘의 실천

감사와 기도

년	월	일	요일

오늘의 말씀

핵심단어 찾기

말씀 요약하기

하나님의 성품

나를 돌아보기

묵상과 깨달음

오늘의 실천

감사와 기도

년	월	일	요일

오늘의 말씀	

핵심단어 찾기			

말씀 요약하기	

하나님의 성품	

나를 돌아보기	

묵상과 깨달음	

오늘의 실천	

감사와 기도	

년	월	일		요일	

오늘의 말씀

핵심단어 찾기

말씀 요약하기

하나님의 성품

나를 돌아보기

묵상과 깨달음

오늘의 실천

감사와 기도

오늘의 말씀

핵심단어 찾기

말씀 요약하기

하나님의 성품

나를 돌아보기

묵상과 깨달음

오늘의 실천

감사와 기도

설 교 자

제   목

본   문

내   용

기도제목

당당히 "NO"라고 거부하자

가족 간의 소통이 사라지는 이유는 바빠서가 아니라
관심을 쏟아야 할 대상을 구별하지 못해서이다.
부모와 자녀가 스마트 기기에 빠져 있는 사이에
아이의 인격과 정서와 유대감은 말라간다.

전자기기를 통해 빠져드는 그 어떤 사람의 이야기도
곁에 있는 내 아이의 소소한 이야기에 비길 바 아니다.
아이와 소통하는 방법은 생각보다 간단하다.
불통하게 만드는 그것과 불통하면 된다.

우리가 하나님의 품 안에서 안정감을 누리듯

아이들도 부모의 품 안에서 진정한 평안과 안정감을 누려야 한다.

디지털 시대에서 아날로그로 살아가는 게 쉽지 않지만,

믿음의 부모는 뜻을 정하고 세상을 향해

당당히 "NO"라고 거부할 수 있는 단호함과 결단을 가져야 한다.

자녀들이 사이버공간에 갇힌 은둔형 아이로 성장하지 않도록,

하나님이 허락하신 자연에서 느끼고 만지고 뛰어놀며

사람들과 관계를 맺도록 가르치고 함께하자.

《엄마표 신앙교육》 중에서

오늘의 말씀

핵심단어 찾기

말씀 요약하기

하나님의 성품

나를 돌아보기

묵상과 깨달음

오늘의 실천

감사와 기도

년	월	일	요일

오늘의 말씀	
핵심단어 찾기	
말씀 요약하기	
하나님의 성품	
나를 돌아보기	
묵상과 깨달음	
오늘의 실천	
감사와 기도	

| 년 | 월 | 일 | 요일 |

오늘의 말씀

핵심단어 찾기

말씀 요약하기

하나님의 성품

나를 돌아보기

묵상과 깨달음

오늘의 실천

감사와 기도

오늘의 말씀	
핵심단어 찾기	
말씀 요약하기	
하나님의 성품	
나를 돌아보기	
묵상과 깨달음	
오늘의 실천	
감사와 기도	

오늘의 말씀

핵심단어 찾기

말씀 요약하기

하나님의 성품

나를 돌아보기

묵상과 깨달음

오늘의 실천

감사와 기도

오늘의 말씀

핵심단어 찾기

말씀 요약하기

하나님의 성품

나를 돌아보기

묵상과 깨달음

오늘의 실천

감사와 기도

| 년 | 월 | 일 | | 요일 |

오늘의 말씀

핵심단어 찾기

말씀 요약하기

하나님의 성품

나를 돌아보기

묵상과 깨달음

오늘의 실천

감사와 기도

설 교 자

제   목

본   문

내   용

기도제목

자녀를 위해 흘리는 눈물

하나님은 우리의 모든 슬픔과 고통을 주목하고 계신다.

자녀를 위해 흘린 눈물은 값진 진주가 되어

차곡차곡 쌓이고 있음을 잊지 말자.

주님이 맡겨주신 자녀이기에

주인 되시는 주님이

절대 눈물을 잊지 않고 갚아주실 것이다.

모든 상황을 인정하고 눈물로 기도하자.

슬픔이 변하여 기쁨이 될 날이 올 것이다.

나의 유리함을 주께서 계수하셨사오니

나의 눈물을 주의 병에 담으소서

이것이 주의 책에 기록되지 아니하였나이까

시 56:8

《엄마표 신앙교육》 중에서

년	월	일	요일

오늘의 말씀

핵심단어 찾기

말씀 요약하기

하나님의 성품

나를 돌아보기

묵상과 깨달음

오늘의 실천

감사와 기도

년	월	일	요일

오늘의 말씀

핵심단어 찾기

말씀 요약하기

하나님의 성품

나를 돌아보기

묵상과 깨달음

오늘의 실천

감사와 기도

년	월	일	요일

오늘의 말씀

핵심단어 찾기

말씀 요약하기

하나님의 성품

나를 돌아보기

묵상과 깨달음

오늘의 실천

감사와 기도

오늘의 말씀

핵심단어 찾기

말씀 요약하기

하나님의 성품

나를 돌아보기

묵상과 깨달음

오늘의 실천

감사와 기도

년	월	일	요일

오늘의 말씀

핵심단어 찾기

말씀 요약하기

하나님의 성품

나를 돌아보기

묵상과 깨달음

오늘의 실천

감사와 기도

오늘의 말씀	
핵심단어 찾기	
말씀 요약하기	
하나님의 성품	
나를 돌아보기	
묵상과 깨달음	
오늘의 실천	
감사와 기도	

년	월	일	요일

오늘의 말씀

핵심단어 찾기

말씀 요약하기

하나님의 성품

나를 돌아보기

묵상과 깨달음

오늘의 실천

감사와 기도

설 교 자

제   목

본   문

내   용

기도제목

부모가 먼저 깨끗해야 한다

부모는 흑색이든 적색이든 자녀에게 가장 많은 색을 묻히는 존재다.

자녀가 태어나 장성하기까지 가정 안에서

부모의 모습을 통해 배우고 닮아가기 때문이다.

보이는 것들은 아이의 생활지침이 되고,

언어와 태도, 가치, 신앙 등 삶의 전반에서

부모를 통해 배운 가치관과 문화는 자연스럽게 자녀세대로 이어진다.

현재 부모의 모습이 자녀의 미래를 결정한다면,

내게 맡겨주신 자녀에게 무엇을 보여주고 전수해야 할지

고민하고 선택해야 한다.

부모의 사소한 말이나 행동 하나하나가

자녀의 삶의 크고 작은 결정에 영향을 끼칠 수 있음을 잊지 말자.

부모의 삶과 인격이 자녀의 미래를 결정하는 통로가 될 수 있다.

진정한 영성은 삶 속에서 가시화된다.

부모의 발자취를 밟는 자녀들을 위해

부모가 먼저 깨끗해야 한다.

《엄마표 신앙교육》 중에서

엄마표 말씀 묵상노트

초판 1쇄 발행	2020년 5월 22일
지은이	백은실
펴낸이	여진구
책임편집	김아진 정아혜
편집	이영주 김윤향 최현수 안수경 최은정
책임디자인	노지현 ∣ 마영애 조아라 조은혜

기획·홍보	김영하	해외저작권	기은혜
마케팅	김상순 강성민 허병용	마케팅지원	최영배 정나영
제작	조영석 정도봉	경영지원	김혜경 김경희

이슬비전도학교	최경식	303비전성경암송학교	박정숙
303비전장학회 & 303비전꿈나무장학회	여운학		

펴낸곳	규장

주소 06770 서울시 서초구 매헌로 16길 20(양재2동) 규장선교센터
전화 02)578-0003   팩스 02)578-7332
이메일 kyujang0691@gmail.com   홈페이지 www.kyujang.com
페이스북 facebook.com/kyujangbook   인스타그램 instagram.com/kyujang_com
카카오스토리 story.kakao.com/kyujangbook
등록일 1978.8.14. 제1-22

ⓒ 저자와의 협약 아래 인지는 생략되었습니다.
이 출판물은 저작권법에 의해 보호를 받는 저작물이므로 무단 전재와 무단 복제를 할 수 없습니다.

책값 뒤표지에 있습니다.
ISBN 979-11-6504-081-9 03230

규 ∣ 장 ∣ 수 ∣ 칙

1. 기도로 기획하고 기도로 제작한다.
2. 오직 그리스도의 성품을 사모하는 독자가 원하고 필요로 하는 책만을 출판한다.
3. 한 활자 한 문장에 온 정성을 쏟는다.
4. 성실과 정확을 생명으로 삼고 일한다.
5. 긍정적이며 적극적인 신앙과 신행일치에의 안내자의 사명을 다한다.
6. 충고와 조언을 항상 감사로 경청한다.
7. 지상목표는 문서선교에 있다.

하나님을 사랑하는 자 곧 그의 뜻대로 부르심을 입은 자들에게는 모든 것이 合力하여 善을 이루느니라(롬 8:28)

규장은 문서를 통해 복음전파와 신앙교육에 주력하는 국제적 출판사들의
협의체인 복음주의출판협회(E.C.P.A:Evangelical Christian Publishers
Association)의 출판정신에 동참하는 회원(Associate Member)입니다.